www.ingramcontent.com/pod-product-compliance
Lightning Source LLC
La Vergne TN
LVHW010501160826
845677LV00012B/2584

أنتَ

كتاب	:	أنتَ
اسم المؤلف	:	أناسيمون نشأت
نوع العمل	:	خواطر
عدد الصفحات	:	72 صفحة
تدقيق	:	أ: منى ذكي موسى
غلاف	:	هبة إبراهيم
إخراج فني	:	مريم محمد سيد
رقم إيداع	:	2023/28929
ترقيم دولي I.S.B.N	:	978-977-8994-24-7

نبض القمة للترجمة

جمهورية مصر العربية - القاهرة

مدير الدار: أ/ وليد عاطف حسني

موبايل: 01116058384

الميل: nabdalqima@gmail.com

أناسيمون نشأت

أنا أحب وأعتز بلُغَتي العربية كثيرًا، وأحب أن أكون دائمًا قريبة من قلب كل شخص وعقله؛ لذا قررت أن أجمع بين الاثنين في طريقة كتابة كتابي هذا، وعليه سردتُ هذا الكتاب باللغة العربية.. العامية؛ ليفهمه كل من يقرأه ويكون قريب منه.

صراحة ملقيتش اسم للكتاب مناسب أكتر من دا،

عارف ليه بقي..؟!

لأني فعلًا جاية أتكلم عليك **انتَ**.. بكل حاجة مريت بيها، وكل إحساس جواك معرفتش تعبر عنه،

عن كل الكلام اللي جواك المستخبي،

يمكن كل حد فينا مر بتجارب كتير مختلفة، وإن رغم ساعات كتير الحكايات بتبقى متشابهة بس تفاصيل كل حدوته بتميزها...

جايز كلامي يلمسك وجايز لا..

بس عايزة أقول لك إن هدفي الوحيد إني أقدر أوصل لأعماقك من جُوا، أوصل للنقطة الصغيرة اللي مليانة كلام ومشاعر وذكريات مش قادرة تطلع،

إني أقدر أساعدك بإحساسك المدفون دا إنه يطلع،

أنا جاية أقول لك مش انتَ بس اللي مُنعزل في العالم اللي جواك،

انتَ مش لوحدك...

أنا جاية فعليًا عشانك.

- هالو ازيك يا صديقي..؟

-إيه أخبار الحياة معاك.. ؟!

مكلكعة..؟

بتوديك لآخر الدنيا وتجيبك على جدور رقبتك..؟

كل شوية بتكسر جُواك الحاجز اللي بنيته عشان تحمي نفسك منها...؟!

عمالة تخبط فيك هنا وهناك بتخليك تجازف بآخر حاجة بقيالك من نفسك القديمة...

كل حاجة كنت خايف لتعيشها وكل إحساس وحش مكُنتش تتمنى في يوم إنك تحس بيه

بقيت تخبط في أفكار قادرة توديك لبعيد وتدخلك في مشاوير مش عارف نهايتها إيه..

- بقيت كل يوم بتحاول تتعافى منهم

من اقل موقف بتفكرك بالماضي وبترجع تاني لنفس النقطة اللي كنت المفروض تخطيتها ..

تحس إن كل محاولاتك شفافة ولا كأن ليها وجود من

الأساس،

بتقاوم حياة كاملة وانت لسة بتستكشف يعني إيه حياة ودنيا أصلا.

تحس إن الحياة بتقول لك عرفني بس خايف من إيه وانا أعملهولك؟!

طبعا مريت بفترة اللغبطة في مشاعرك، في أفكارك..

دا لو مكُنتش قاعد دلوقتي دماغك هلكانة من كتر التفكير وجلد الذات..

روحك اللي بتطفي وفقدانك للشغف حتى في أكتر الحاجات اللي بتحبها.

تحس إنك مبقتش تصلح للحياة...

أفكار ملهاش آخر،

مشاعر مغبشة،

ماضي مش مفارقك،

وحاضر عمال يسرق منك أيامك وانت قاعد لا عارف تتخطى اللي فات وتكمل..

ولا عارف حتى تركنه على جمب وتعيش...

متكتف مش قادر تتخطى...

إحساس إنك مش عارف تنقذ نفسك من أفكارك وانت في نفس الوقت شغال تنقذ في اللي حواليك..

مع إن للأسف أنت أكتر حد محتاج مساعدة..

محتاج حد يلاقيك..

- محتاج تنقذ نفسك دي اللي شغالة بتنقذ في الناس تنقذك انت الأول....

محبوس جوا سجن مليان أفكار عشوائية،

حرب أفكار مبتخلصش،

كلام جواك وبرضه مبتنطقش..

حكايات ومواضيع مكتومة،

مشاعر محبوسة...

تايه جوا دايرة بتلف وانت واقف مش فاهم انت مين ولا انت فين..

متاهه بتدور جواك لا عارف تطلع منها ولا حتى عارف نهايتها هتوديك على فين..

بيبقي قرارك الوحيد إنك عايز تمشي وبس...

كل حاجة بتبقى عارف نهايتها إيه ....
إلا دماغك..

تفكير شغال مش بيوقف دقيقة، عَمال يجيب في القديم ويرجع الذكريات، محتاج بس تاخد بريك من كُتر اللف حوالين أفكارك،

استنزفت كل طاقتك في إنك بس توقف دماغك

في إنك تحاول تعيش من غير وجع يحاوطك..

بتجري هربان من واقع،

وعمال تكدب إحساسك اللي انت واثق إنه صح مليون في المِية،

المُكابرة هي أسلَم طريقة للهروب..

-أيوة..

بس انت بتجري هربان من نفسك ومن مشاعرها.!

أخرة الجري حيطة سد...

بتخلق عالم افتراضي؛

لأنك مش قد صدمة

الواقع،

عايش هربان من الحقيقة

وبتهرب خايف من

المواجهة.

بتمُر بكتمة مشاعر ضاغطة عليك لا عارف تتنفس من ثُقلها على قلبك.ولا قادر تعبر عن تعبك ...

- الإحساس اللي بيحسه قلبك اللي المفروض ميحسهوش دا مع إنك بتحاول تمنعه بس محاولاتك فاشله

-التنهيدة الطويلة اللي بتيجي بعد إرهاقك وتعبك.

- إحساس الأمل اللي بييجي بعده خذلان يكسر سقف عشمك

وفي الآخر عايش أهو بتتأقلم مع واقع معطكش فرصة حتى تعبر فيها عن مشاعرك.

بتحاول تموت إحساس جواك لسة متعاش...

يمكن أكتر فترة صعبة ومؤلمة ممكن تمر بيها في حياتك هي الفترة اللي مبتحسش فيها

بالاستقرار النفسي.

مش عارف تكون مرتاح،

جواك كبت محبوس مش قادر يطلع،

بتقاوم إحساس صعب تشرحه ، في مليون سؤال جواك وكل اللي بتدور عليه إجابة واحدة بس منهم، مش عارف تاخد الخطوة الحقيقية اللي تساعدك، ولا عارف برضه ترجع زي الأول،

عمال بتعافر عشان تتقوى،

بتسعى إن ضعفك ميظهرش ويسيطر عليك الحزن،

تايه مش عارف تحدد أولوياتك..

ضغوط نفسية بتتحول

لآثار جسدية مبتبقاش

عارف تلاحق على مين

فيهم..؟

عايش لمجرد إنك عايش

مش عايش لنفسك،

مع أول موقف بتواجهه بعد فترة كبيرة من تعب وتفكير

بعد انعزالك التام، بعد الحقيقة المكشوفة اللي مكنتش عارف تشوفها من كتر قربك،

بتستغرب نفسك ازاي قدرت تكون قوي وتعدي بالموقف دا..

لا وكمان رد فعلك يكون بالبرود دا....!

بتستغرب رد فعلك الظاهري وانت جواك رد فعل داخلي عكس اللي ظهر تمامًا..!

- بس إن جينا للحق يا

صديقي..

إن الإنسان لما تديله الفرصة الأولى ويضيعها
بتقعد تحسب ألف حساب قبل ما تتهور للمرة التانية.
بس برضه بتقوم مدي الفرصة التانية والأخيرة،
الفرصة للي بتكون حاطط آخر أمل جواك
في إنه يمكن يكون يستحقها فعلًا؛
بس للأسف بيقوم مضيعها برضه،
يبقي يستاهل ردود أفعالك الباردو ومشاعرك الجافة
الناتجة عن فعله الساذج يا صديقي.

- عارف..

محاولاتك مع الشخص الغلط بتعلمك متحاولش تاني غير مع اللي يقدرك...

الخذلان اللي حسيت بيه دا، وثقتك اللي اترمت في الأرض دي هتفتكرها قبل ما تفكر حتى تدخل أي بني آدم تاني دايرة حياتك...

متزعلش إنه ضيع آخر فرصة كانت بين إيديه لأن

"لو كان خيرًا لبقى".

- طب انت عارف إن ساعات القرارات السريعة اللي بتفاجأ بيها عقلك هي القرارات اللي عايزها قلبك بس عقلك في كل مرة بيدخل وبيرفضها على آخر لحظة....؟!

بيمسك لسانك إنه يطلعها في ظل إن قلبك بيصرخ بيها،...!

وفي لمح البصر ومن غير أي مقدمات بتاخد القرار اللي عمال تأجله بدل المرة ألف...

أخدته من غير تفكير في اللي هيحصل بعدين،

كل اللي كان في دماغك إنك عايزه دلوقتي وبس...

قرار كنت خايف تاخده ليجرحك؛ فبتهرب منه دايمًا..

أهي المواقف دي بتعرفك حقيقة كل اللي حواليك

بتبقى شايفهم بوضوح أوي،

بتمحي الضباب اللي على عينك، بتكشفلك طبيعة مشاعرك المغبشة،

بتنور لك طريقك وبتعرفك حقيقة كل حاجة قدامك،

بتشقلب نظرتك وبتغير مشاعرك،

بتدرك إن تلقائيتك مينفعش تظهر في كل الأوقات ولا كل شخص هيقدر يفهم ويحس بروح تلقائية قلبك.

أنا معاك برضه يمكن متكونش أفضل القرارات في كل الأوقات بس أنا واثقة إنها بتكون أحسن القرارات ليك؛

عشان بتريحك،

بتفهمك كل مشاعرك

المتلغبطة، بترد على كل

علامة استفهام جواك،

بتعرفك الحقيقة.

لما بتمر بصدمة في حياتك؛ بترفض تصدق الواقع،

بتخلق مبررات وهمية عشان تخفف الصدمة،

بس الصدمة الأكبر لما تتأكد إن حتى المبررات الوهمية كذبة انت خلقتها...

فبالتالي مش بتعرف تتعايش، بتلاقي إن كل حاجة باظت..

بتقوم بقى مدَور على البديل يسد احتياجك اللي فقدته دا

رغم إنك مش متأكد من اللي بتعمله دا انت عايزه فعلا

ولا لا...؟!

الفكرة المُتغيبة عنك إن مفيش شخص بينسى بشخص تاني، ولا هتعرف تنسى تجربة قديمة بدخولك في تجربة جديدة.

كل اللي بتبقى عارفه إنك محتاج بديل يسد الفجوة اللي حصلت في حياتك مرة واحدة دي وبأسرع وقت..؛

لأنك مش قادر تستوعب الفقدان اللي حصل لك

ولما فوقت بقى...

- اكتشفت إنك عكيت كتير أوي في حقك وفي حق كل اللي حواليك.

بقيت بتخسر نفسك تدريجيًا،

بتتحول لنسخة مؤذية،

بتأذي نفسك قبل ما بتأذي اللي حواليك، بتحاول تفهم نفسك من تاني اللي بقت غريبة عليك،

طبعك اللي اتغير ومشاعرك اللي بتدبل مبقتش عارف تحييها من تاني،

فقدت الإحساس بكل حاجة؛

-بقيت إنسان غايب عن روحه...

زي حبل النور اللي اتقطع والدنيا ضلمت مرة واحدة،

بقيت ماشي وانت مش شايف....

أهو وانت في وسط كل دا بقى انت مش واخد بالك من اللي بيحصل أصلًا،

تحس إنك في غيبوبة وإنسان تاني اللي كان بيتصرف،

للأسف إن لحظات الوداع مُميتة..

ساعات كتير تأثير الصدمة بيوقف العقل،

وعقلك الباطن اللي عايش طول حياته على تخيلات والأحلام فجأة ويبقى هو المُتحكم فيك.

ونيجي لأهم نقطة بقى وهي مواجهة نفسك باللي حصل...

انت متخيل إنك قاعد بتشرح لنفسك وتفهمها وبتحاول كمان تستوعب كم الصدمات دي...؟!

لحظة الاستيعاب بالواقع بتعدي عليك بكتمة نفسك اللي مش قادر تاخده..!

ولا إحساسك اللي مش عارف توصفه...!

إحساس الضعف اللي بيتملك منك في ثواني مبتبقاش عارف تهرب منه ولا تثبت إنك قوي كفاية ..

بيسطر عليك الخوف والاستسلام،

تحس إنك غريق في بحر ومحدش على الشط شايفك فييجي ينقذك، كل شوية الدوامة بتزيد وبتفضل تسحبك لتحت مع أنفاسك الأخيرة اللي بتطلع منك...

- وفجأه يا مرحباااااا

بالحياة من تاني رغم عدم استيعابك باللي حصل بس بتحاول تعود نفسك على التأقلم مع الواقع.

عارفة يا صديقي
إن عمر
ما حاجة مريت بيها هتقدر تنساها في يوم
مهما تعدي أيام وسنين.

عارفة إن الخسارة صعبة.

إحساس الهزيمة والخذلان وكل مشاعر الضعف بأنواعها اللي بتظهر عليك فجأة.

عارفة إن إحساسك وقتها مش هتعرف تنساه

وهتفضل تحس بيه مع كل موقف يفكرك باللي عيشته وقتها...

كلنا عارفين إن

" المرات الأولى لا تُنسى".

بس إيه الفايدة من كل الحزن دا على اللي راح...؟!
إيه الفايدة من البُكى على اللبن المسكوب...؟!

هل هتقدر ترجع اللي فات؟.. هل هتعرف تغير سيناريو الحكاية اللي انت عشتها...؟

- بس هتقدر تتأقلم على فكرة، أنا مش بقول هتعرف تتخطى بسرعة والا في يوم وليلة...!

أنا عايزاك بس تبقى واخد بالك إن العائد السلبي من كل الحكاية دي كان من نصيبك انت وبس، انت اللي اتحملت كل الخسارة دي ولوحدك كمان.

هتفضل بقى بتحوش كل العائد السلبي دا
وحابس نفسك جوا زون الخسارة...؟!

انت عارف القرار الصح بس متردد إنك تاخده، معندكش الشجاعة الكافية ليه...!

بس في كل الأحوال إن القرار في إيدك
متنساش دا.

أوقات كتير مبتقدرش تاخد قرار البُعد وإنك تمشي،

صعبانة عليك العِشرة، وصعبانة عليك الأيام الحلوة وكل الأوقات اللي كنت مبسوط فيها من قلبك،

للأسف إن ...

في حاجات كتيرة جوا الحكاية مبتتحكيش...

مش قادر تمشي في حاجة دايمًا بتشدك إنك تفضل

ذكريات بتتمسك بيك لا بتفارقك ولا بتفارقها......

كل ما بتقرر تمشي قلبك بيرجع يحن من تاني..!
بتتأذي بس لسة برضه مكمل..! استكفيت إرهاق وتعب ومازلت موجود...!

طب انت لسة موجود فيها ليه لحد دلوقتي...؟ خايف ترجع لوحدك من تاني..؟ ولا خايف من تعب الفراق...؟

- انت لو عايز تحافظ على نقاوة العلاقة دي بجد يبقى تمشي مع أول إحساس يجيلك إن **المكان مبقاش ليك**؛ لأنك لو كملت هتتغير لنسخة أسوأ مما كنت تتوقع، هتغير فيك كل حاجة حياتك هتتشقلب،

علاقة هتتحول من إنها كانت أعظم وأجمل حاجة في حياتك

لنقطة سوداء سايبة أثر صعب يتمحي،

هتكسر جواك إحساس الأمان في العلاقات،

شايف انت الذكريات الجميلة اللي كانت بتبسطك دي فاكرها...؟

هتتحول لأبشع الذكريات اللي ممكن تمر بيها في حياتك، هتبدأ تفكر وتفكر كتير أوي، ويبدأ الشك يتملك منك، وتكدب كل إحساس عشته في وقتها،

ومش هتبقى مستوعب ازاي هونت بالسرعة دي...!

هتدخل في أجواء الندم على صِدق مشاعرك، وصفاء نيتك، وكم التضحيات اللي قدمتها، وعلى إنك كنت دايمًا الطرف الوحيد اللي بيحاول،

طب وليه كل دا...؟! امشي ونهايتها حلوة، متشوهش الذكريات الحلوة بس

صدق إحساسك يا صديقي.

مش كل تجربة مريت بيها برضه لازم طرف منكم يكون هو اللي توكسيك...!

ولا كل علاقه توكسيك في نظرك لازم يكون فيها شخص مؤذي..!.

- عارف انت لما تيجي تجرب كوكتيل جديد كدا المانجا مع الأناناس فميعجبكش....!!!!

هل دا معناه إن المانجا وحشة أو الأناناس وحش....؟!

(في ظل إنك بتحب الاتنين عادي)

الفكرة إن طعم دا لوحده حلو، وطعم دا لوحده حلو برضه،

بس لما اتحطوا على بعض الطعم اختلف ووداك في حتة تانية خالص انت محبتهاش،

بالضبط نفس الفكرة خُد بالك.

. يمكن كنتم في ريليشن في وقت غلط ليكم انتم الاتنين. ...!

• يمكن محدش فيكم كان جاهز ومُهيأ دخوله في ريليشن من الأساس...!

. أو انتم الاتنين ميكس مش راكب على بعضه أصلًا....!

زي البظل.. الصورة مش بتكمل لو حطيت واحدة في مكان واحدة تانية مش كدا!

عارف..

يمكن انت لما تكون مع حد تاني تبني ريليشن قوية وناجحة وهكذا مع الطرف التاني برضه.

مش كل حاجة عايزينها بتكون مناسبة لينا....

عايزة أقول لك إن مش شرط يكون العيب فيك أو في الطرف التاني،

الكويس ليك ممكن ميكونش الكويس لحد تاني غيرك ويمكن العكس.

كل حاجة نسبية يا صديقي.

بتتحط في موقف مش عارف تختار طريقك...

مش عارف تمشي ورا قرار قلبك ولا عقلك
...!

. قلبك بيحكم على المواقف بلغته..
(لُغة الحنية والطيبة)،

.عقلك بياخد قرارته بلُغة
(الحكمة وتقدير المواقف)،

بتتحط جوا صراع بين أفعال بيصدقها عقلك
ومشاعر بيحنلها قلبك...

لو مشيت ورا قلبك انت عارف وكلنا عارفين إن أخرتها قلم على القَفا ومقلب بيرحب بيك،

ولو مشيت ورا عقلك فمليون وداع على المشاعر اللي راحت على الفاضي،

تايه مش عارف أنهي واحد فيهم اللي صح ومين اللي المفروض تمشي وراه؟..

إحساس التوهان

والقرارات اللي كلها عكس بعض دماغك فصلت من كتر التفكير، عايز تمشي بس رجلك متسمرة في مكانها،

بتتمنى تقابل طوق النجاة اللي هينقذك من متاهة قلبك وعلقك....

اقفل على الدوشة اللي حواليك بس الأول،

خلي عقلك سابق قلبك بخطوة واحدة...

لا قلبك يكون الزعيم
ولا عقلك يكون الحكيم.

أنتَ عارف إن النضج ملهوش مرحلة محددة....!

أنت في كل مرحلة وفي كل تجربة في حياتك جزء جزء منك بينضج....

النضج مش في طريقة تفكيرك بس..

لا دا نضج حياتيًا زي ما هو نضج علقيًا،

تفكيرك ودماغك بتتغير، بتشوف أولويات جديدة ومختلفة، اهتماماتك بتختلف برضه بين كل تجربة والتانية،

نظرتك بتتغير؛ بتبقى شايف بعمق أكتر وبتحكم على القصة كلها بمنظورك الخارجي،

حتى في زعلك بتنضج على فكرة...!

أيوة متستغربش من نفسك انت بتتغير..

انت مكنتش انت لشهر والا شهرين لورا بس،

مقدار حزنك بيختلف، إحساسك ذات نفسه بيختلف، طريقتك في التعبير عن حزنك واكتئابك بتختلف 180 درجة، حتى انبهارك بشيء أو بتصرف بيختلف

مشاعرك بتتغير، إحساسك بيبهت وبيتجدد وبيتغير

كل دا بيتطور معاك لما بتكبر ولما بتعيش تجارب أكتر....

طب فاكر وانت صغير لما كنت بتتحرم من نزول النادي فتقوم معيط بقى وخارب الدنيا...!!!

أهو انت دلوقتي لو النادي اتقفل خالص ولا أي مشاعر هتتحرك جواك ...

زي إحساسك بأول تجربة فقد عشتها في حِياتك من حزن وندم وجلد ذات وتعب وحاجات كتيرة أوي،

بس أهو انت دلوقتي بقيت بايع القضية إذا كانت كسبانة خسرانه مبقيتش مهتم تعرف أسباب وتفاصيل...

مبقيتش فارقة معاك من الأساس،

حتى اهتمامك وسعيك ورا شيء معين بيتغير وساعات بيتمحي **لما تدرك أهميته الحقيقية ليك.**

للأسف الوقت بيمحي حاجات كتير حلوة جوانا،

بيقتل فينا الطاقه اللي كانت طالعة بكل الحب، بيهد الإحساس اللي اتبنى بكل الصدق...

متقارنش بين نفسك دلوقتي وبين امبارح؛ لأن مفيش حاجة بتفضل على حالها،

مفيش إنسان مبيتغيرش يا
صديقي.

- و دا أكبر إثبات
إن الوقت بيعودك إن كل
شيء جايز...
- بيعلمك التعايش
وبيجبرك على التأقلم.

أكتر حاجة مرعبة ممكن تقابلها في حياتك هي..

{التعود ثم الرحيل المفاجىء}

تخيل معايا إنك قاعد في انعزالك وبدون أي مقدمات اقتحام شخص ما لحياتك؛ فيقوم واخدك من انعزالك وماسكك من إيدك كدا بيوريك حلاوة الدنيا وكل ما هو رائع،

وقد إيه انت ظالم الحياة، ومش مديها فرصتها عشان توزع بهجتها وفرحتها في حياتك،

بيعودك على الجزء الحلو من الدنيا

فبتنسى إن ليها الجزء الأوحش اللي كنت في انعزالك بسببه،

بينسيك تعب سنين وبيجدد فيك كل قديم،

بيحيي فيك كل حاجة كانت ميتة بيديك روح الإيجابية تعيش بيها،

وبيعمل لك إبادة على كل اللي فات،

اتبسطت شوية وعيشت لك أيام حلوة...!

شوفت الدنيا وهي وردي...!!! وقد إيه كان فايتك كتير...!!!!!!!

خلصت تخيل..!

....

بتفوق بقى على الرحيل المفاجيء اللي بيرجعك كما كنت.... بتعيش في فقرة الندم على قد إيه كنت مُغفل ومكنتش مُدرك حدوتة الحكاية...

أيوة كلنا بنحتاج لإيد شخص تنقذنا من حزننا، ما بنصدق نلاقي عابر طريق ماشي فنقوم ماسكين فيه،

بنديله أوبشن الدخول المجاني حتى واحنا معَناش أي إثبات إنه يستحق الأوبشن دا ولا لا،

بنضيع فرص مجانية مع أشخاص متستحقش حتى

معافرة مننا ليهم،

بنديهم فرصة الدخول وهما واقفين آخر الصف، كان أقصى طموحاتهم إنهم ياخدوا خطوة واحدة لقُدام.

بس خلينا متفقين إن قراراتك حتى لو غلط وجرحتك فهي بتعلمك ، بتوعيك على الدنيا وعلى قلوب الناس ومعادنهم

اتأكد إنك مهما دخلت ناس حياتك إذا كانوا يستحقوك ولا لا .؟

اتأكد إن مفيش شخص حقيقي هيسيبك في وحدتك ويلف وشه ويمشي..

مفيش إنسان جواه حب حقيقي يقدر يستغنى،

اللي ميعرفش يفرض وجوده في وقت احتياجك وفي أكتر وقت انت تعبان فيه ومحتاج طوق نجاة ينقذك

في الوقت اللي محتاج حد يكسر صمتك ويمنعك من هروبك المتكرر،

في الوقت اللي محتاج إنسان ينتشلك من ضياعك..

امسح الشخص اللي معرفش يكون موجود،

متفكرش تِحِن لشخص قدر يسيبك وحيد وسط أفكارك....

الحياة أبسط من إنك تفضل مستني إنك تتفهم في صمتك،

وتتحس في تعبك من شخص كنت فاكره المنقذ الوحيد ليك.

طول ما عينك باصة لورا؛
عمرك ما هتشوف اللي
مستنيك وواقف بيتشقلب
عشان بس ياخد نظرة
بسيطة منك...

في حاجات كتير بتحصل في حياتك لا ليها تفسير ولا بتعرف تشرحها..

.

زي أول إحساس غريب بتحسه مبتبقاش مدرك انت ليه بتحس بكدا أصلًا....!

الإحساس وعكسه اللي بيسيطروا عليك فجأة،

شعور متناقض دايمًا ملازمك....

بتبقى في أشد الاحتياج لنفسك.....

نفسك هي المُنقذ الوحيد ليك مهما كانت الزحمه المزيفة حواليك..

هتساعدك تتخطى،

تقبلك للواقع صعب وتعايشك معاه أصعب،

بس لما عقلك يقرر يتخطى

متخليش قلبك يقف في طريقه.

- قول لي كدا..

هتفضل لغاية امتى حابس نفسك جوا أفكارك ومقتنع بكلامهم عليك!..

هل من المفترض إنك على طول السيء الوحيد في قصتهم؟!

لغاية امتى هتشوف نفسك بتعاون اللي أذوك؟!

هتفضل تحط كل الصفات التوكسيك اللي في العالم دي ليك!

هتبطل تلوم نفسك

امتى بجد؟!!!

- طب على الأقل يا صاحبي لوم نفسك على حاجة صح من كل حدوتة جلد الذات بتاعتك دي،

لوم نفسك على برائة حبك ليهم،

على حسن نيتك وإن كل مرة كنت بتكتشف خيانة أحدهم ليك بتديله مليون عذر وبتسامحه؛

لأنك بتحبه ومش عايز تخسره،

لوم نفسك على طول مدة غفلتك عن الحقيقة

طب انت عارف إن مفيش حد توكسيك بيشوف نفسه توكسيك....؟!

عارف دا معناه إيه...؟!

اه أنت حد كويس،

مش معني إنك مريت بتجارب سيئة وعشت مواقف أصعب واتحولت لإنسان تاني غريب عن نفسك، تبقى وحش....!

انت مسمعتش قبل كدا جملة

"اللي جواه طبع مبيغيرهوش"

اه الحياة بتغير فيك كتير من أصغر حاجة لأكبر حاجة جواك،

بس طبع قلبك صعب يتغير

مهما حاولت تبين عكس دا، ومهما كنت قوي ويبان عليك إنك عادي وكويس

إلا إن هييجي عليك وقت هتضعف......

بتحس إنك مكروه وبقيت لوحدك مرة واحدة.

ف بتبقى محتاج تطمن..

تطمن من كل حاجة حواليك،

إنك مش لوحدك، وإن وجودك مرغوب فيه،

وإن غيابك فارق وسايب أثر،

محتاج تطمن إنك مش هتتساب حتى لو كل حاجة اتغيرت،

حتى لو الدنيا غيرت فيك كام حاجة إلا إن هييجي حد ويفضل معاك

لغاية ما يرجعك لنفسك القديمة من تاني

محتاج تتطمن إنك مش وحش وجواك حاجات كتيرة جميلة،

عارف التمثال الأثري اللي اتملى تراب ولمعانه راح مع الوقت دا...؟!

أهو انت زي التمثال دا، التراب بس خبى قد إيه انت جميل وجواك الأجمل.

بتبقى محتاج حد فاهمك أكتر من نفسك يقدر يكمل معاك مشوارك المتعب،

......

...

محتاج شخص دايم،

شخص يكون مراهن على رجوعك ومآمن بيك إنك هترجع وهتتقوى من تانـي،

طب لو ملقيتش الشخص هل هتفضل مستنـي؟!

خلي إيدك بدل ما تدور على طرف إيد تمسك فيها وتتسند عليها..

خليها تلف وتطبطب عليك وتسندك تقوم من تانـي.

- وبرغم من مشاوير الحياة اللي مش بتخلص ...

بتحس إن الدنيا بتجري وراك وانت عمال بتجري جوا سباق مش عارف انت بتجري هتوصل لإيه

ولا عارف إيه هو سبب جريك من الأساس؟..

الدنيا بتحطك جوا زون يا تبقى سابق الكل يا إما تقعد في آخر صف دا إذا كان فيه أصلًا صف،

بتعافر عشان توصل للنقطة الوسط اللي الدنيا مش حطاها في حساباتها أصلًا،

مش موجودة في كتالوج الحياة،

مش قادر تقف تاخد نفسك وتفهم انت بتعمل إيه وليه أصلًا؟..

من كتر جريك في أحاسيس كتير فوتتها منك الدنيا،

اعمل واقفة مع نفسك ضد الدنيا،

--- أيوة

ضد الدنيا زي ما انت قريت كدا.

كفاية اللي ضعيته منك،

سرقت أيامك وجريت بالسنين وانت لسة واقف مكانك،

متزعلش على اللي راح؛ لأنه اتسجل في كتاب النضج واكتساب الخبرات،

اقلب الصفحة اللي خلصت وابدأ غيرها من جديد، خليها مختلفة ومميزة.

- عارف..

اللي هيميزها بجد المرة دي إنك بقيت واعي كفاية وفهمت اللعبة،

هتبقى مميزة بوجودك اللي هيضيف لمسة روحك اللي هتتجدد بإرادتك اللي اتقوت،

هتتميز بقدر حبك لنفسك وثقتك اللي هتبقى أكبر درع أمان ليك،

خُد نفس طويل واتشجع للبداية من جديد.

....

- صديقي

متنساش إنك مش لوحدك هنا،